COMO SUPERAR EL PASADO

Como Superar el Pasado

MIGUEL ANGEL HERRERA

XULON PRESS

Xulon Press
2301 Lucien Way #415
Maitland, FL 32751
407.339.4217
www.xulonpress.com

© 2023 por Miguel Angel Herrera

Todos los derechos reservados exclusivamente por el autor. El autor garantiza que todos los contenidos son originales y no infringen los derechos legales de cualquier otra persona o trabajo. Ninguna parte de este libro puede ser reproducida en cualquier forma sin el permiso del autor. Las opiniones expresadas en este libro no son necesariamente las del editor.

Debido a la naturaleza cambiante de Internet, si hay direcciones web, enlaces o URL incluidos en este manuscrito, estos pueden haber sido alterados y es posible que ya no sean accesibles. Los puntos de vista y opiniones compartidos en este libro pertenecen únicamente al autor y no reflejan necesariamente los del editor. Por lo tanto, el editor se exime de responsabilidad por los puntos de vista u opiniones expresados en el trabajo.

Al menos que se indique lo contrario, todas las citas bíblicas son tomadas de la Biblia Latinoamericana (Editorial Verbo Divino).

Paperback ISBN-13: 978-1-66285-391-3
Hard Cover ISBN-13: 978-1-66287-873-2
Ebook ISBN-13: 978-1-66285-392-0

Pero no se acuerden más de otros tiempos, ni sueñen ya más con cosas del pasado. Pues yo voy a realizar una cosa nueva, que ya aparece. ¿No la notan? Sí, trazaré una ruta en las soledades y pondré praderas en el desierto.

Isaías 43:18-19

Agradecimientos

Tengo mucho que agradecer; no es suficiente un libro ni varias plumas para hacerlo; de todo corazón doy gracias a DIOS por todo, absolutamente todo lo que da a mi vida. Sobre todo agradezco su perdón, que siendo tan pequeño y con tantas faltas, Él me perdona una y otra vez.

Nunca me cansaré de dar gracias a mis padres por haber dado el sí a la vida, porque gracias a ellos ahora estoy escribiendo este libro y he podido celebrar año con año el maravilloso regalo de estar vivo.

Son numerosas las personas a las que les tengo mucha gratitud; es por ello que no me atrevo a poner nombres y que me falte alguno. Más sí quiero expresar cuanto agradezco el haber participado en mi vida y haberme dado tanto. Tan solo en este ánimo de querer decirle a cada una, "Muchas Gracias," me vienen nombres, nombres y más nombres. Mi corazón está lleno de sonrisas, abrazos, palabras de aliento, alegrías, tristezas, compañías, silencios, momentos que se quedan guardados y que son parte de la historia de mi vida; pero sobre todo, he sido bendecido con mucho amor. Me siento amado y también he amado mucho. Mis palabras se quedan muy cortas para agradecer. Gracias, muchas gracias. Te llevo en mi corazón; sabes que tengo tu nombre impreso en mi interior.

Sintiendo gran recogimiento, muy conmovido quisiera abrazar a las personas que se fueron, las que su presencia en este mundo se ha terminado, porque cuando se ama, el amor no se termina con la muerte; por el contrario, se mantiene vivo su espíritu, porque dentro de mí han quedado los momentos en los que pude compartir su vida. Aunque han terminado su tránsito aquí en la tierra, tienen vida en mi corazón. Estaré orando siempre por cada persona que conocí hasta que sea mi turno de cerrar los ojos, esperando alcanzar el encuentro con el SEÑOR..

Por supuesto que también te agradezco a ti que te preparas a leer este libro: Gracias por permitirme acompañarte en este momento de tu vida en el que tu corazón te mueve a leer este material para liberarte de la pesada y lastimosa carga del pasado.

Gracias por darme la oportunidad de compartir contigo lo que la experiencia de la vida me ha enseñado, pero sobre todo gracias por decir sí y abrir tu corazón para aceptar el apoyo, la ayuda y la compañía en este momento de tu vida.

Si DIOS lo permite y tú quieres (porque yo sí quiero), seguiremos caminando acompañándonos hasta que seas llamado para terminar este viaje de la vida.

Muchas Gracias.

Gracias, SEÑOR, por todo lo que me has dado, sabiendo lo que mejor conviene para mi salvación.

A mi familia, que han sido el abrazo del amor de DIOS, su amor me conforta e inspira a seguir.

A mi esposa:

Gracias, Claudia. Eres una mujer maravillosa. Casarnos ha sido grandioso, caminar juntos y apoyarnos en las buenas y en las malas es justamente una hermosa expresión de amor.

A mis hijos:

Ustedes son una gran bendición que DIOS nos ha dado. Gracias, hijos. Desde el primer día que supe de su venida los he amado, al verlos mi corazón se alegra y recarga de vitalidad para continuar caminando y seguir navegando junto con ustedes. La vida tiene un sentido diferente, ahora que estamos unidos. Los amo, gracias por su amor. Con ustedes vuelvo a ser niño.

Dulce y Amado SEÑOR, me has bendecido con un regalo maravilloso. Gracias por mi hermosa familia.

DEDICATORIA

Quiero agradecerte de manera especial y con todo el corazón que te dispongas a leer este libro. Deseo que, además de ser de tu agrado, sea un aliciente que te apoye a estar y sentirte mejor.

Para salir adelante, se necesitan ganas y hacer el esfuerzo requerido para lograrlo, pero cuando te han lastimado, herido y dañado, el dolor y el sufrimiento en ocasiones son fuertes trabas. Aunque no son impedimentos para llevar a cabo el desarrollo de tu potencial y alcanzar tus metas, sin embargo, sí afectan tu vida y repercuten en tu sano crecimiento. Sobre todo, en ocasiones son lastres que no te permiten estar en paz y ser feliz.

Confío en que conseguirás dar "el salto" y sentirte libre y sin las cargas que te estaban afectando, porque la vida en realidad es otra y como ya no estás en tu etapa de niñez (ya le has ido restando años al período de tu vida), ¿qué mejor que sentirte bien, feliz y en paz que el tiempo que te toque vivir?

Ten bien claro que el hecho de que te sientas bien, con gozo y amor beneficia tu diario vivir. Además de que estarás alegre, fuerte y con el renovado brío de cada amanecer, influirás en la vida de los que están cerca de ti de una forma amorosa y les impregnarás en buen ánimo para vivir con alegría y contribuirás a construir una mejor sociedad. Si bien es cierto que todos la conformamos y tenemos el deber de propiciar un ambiente cálido, afectivo y de amor fraternal; también es cierto que tienes el compromiso de hacer lo que te corresponde y no juzgar si no lo hacen los demás. Después de todo, seremos llamados a dar cuentas.

Te doy la bienvenida con un fuerte abrazo lleno de amor y cariño.

Contigo Amorosamente,
Miguel Angel Herrera

Que DIOS te Bendiga, toque tu corazón y te inspire las acciones que harán de ti un mejor ser humano.

CONTENIDO

Introducción xv

Se puede superar el pasado 1
Bitácora de Reflexión 3
¿Cuál es la parte de la historia 5
¿Para qué mantener lo que lastima? 6
Soltar el pasado 8
Bitácora de Reflexión 10
¿El recuerdo te perturba y te quita la paz? 12
Bitácora de Reflexión 18
Si es posible dejar el pasado 20
El perdón 23
Bitácora de Reflexión 25
Cuento de la leyenda del verdadero amigo 26
El Caballero que no sabía pedir perdón 28
Bitácora de Reflexión 31
Sobre tus acciones pasadas 32
Te hicieron e hiciste 34
Bitácora de Reflexión 36
Recupera tu sonrisa 37

Acerca del Autor 39

Introducción

Cuando se han sufrido desagradables experiencias en el pasado, estas dejan una huella que a menudo perturba la paz, atormentando a quien las ha vivido…

¿Qué no es ya suficiente el dolor que se ha tenido?

En muchas ocasiones, los comportamientos de la gente están seriamente influenciados por sus vivencias del ayer. Cuando se cargan estas experiencias y quedan vivas en la memoria, muy a menudo afligen y mantienen emociones reprimidas que dañan seriamente la psique y la salud de cada persona. No solo eso; además afectan a los que los rodean, empezando por los más cercanos (su familia) y siguiendo con los que convive en su empleo o escuela hasta alcanzar a la comunidad en la que vive.

Se puede superar el pasado

Esta no es solamente una frase que pretenda instalar un halo de esperanza; es una afirmación plenamente probada y es el propósito de este libro. Solo que esté escrito, no lo hará por sí solo; el libro es un soporte que te apoya, si tú quieres, a desprenderte de la pesada carga del pasado doloroso. Para conseguirlo, es necesario no ser un espectador, sino ser el protagonista y actuar. Esa es la clave: "Actúa y pasa de la lectura a la acción".

Porque **la vida puede y debe ser bella**, en buena parte depende de ti. El mundo continúa su frenético movimiento y está en ti elegir el camino que quieres tomar.

Toma el camino de la libertad y supera el pasado.

Es posible que a través de la lectura te sensibilices y las emociones se hagan presentes. No te preocupes; permítete sentirlas, incluso desahogarlas. Te hará bien.

¿Cómo no sentir?

Quizá te enseñaron a no expresar lo que sientes, a ser fuerte y a no llorar; déjame decirte que es mejor sentir, desahogar y dejar de reprimir. De hecho, retener las emociones trae como consecuencia enfermedades y es causa de conductas no gratas.

Las experiencias de la vida van acompañadas de emociones y estas pueden ser constructivas o destructivas; razón por la que siempre será mejor saber manejarlas y quedarse con lo constructivo y edificante. No obstante, las experiencias desagradables regularmente contribuyen a templarte, a hacerte más fuerte y — según las resuelvas — a crecer y mejorar como ser humano. Así que ya no lamentes ni reclames lo que has vivido; todo tiene una razón de ser. Desafortunadamente, en ocasiones los daños causados son muy profundos y el corazón, más que herido, se encuentra destrozado.

Confío que al terminar la lectura te sientas mejor y que logres superar el pasado; más de no ser así, puedes contar con mi apoyo incondicional para alcanzarlo.

Te doy la bienvenida a este viaje, deseando sea de lo mejor y consigas lo que te motivó a adquirir este libro.

Que DIOS te Bendiga hoy y siempre. Sin duda ÉL lo hace, razón por la que estás aquí.

Amorosamente,
Miguel Angel Herrera

Bitácora de Reflexión

¿Se puede superar el pasado?

¿Cómo puedes hacerlo?

La vida puede y debe ser bella ¿Cómo?

¿Por qué es bueno desahogarte en vez de fingir ser fuerte?

Por favor envíame tus respuestas para retro-alimentarte y ofrecerte un mejor apoyo en tu viaje a través de esta lectura.

contact@contigolaunion.net

Recibirás respuesta de mi parte a los comentarios, inquietudes y preguntas que tengas a bien hacerme.

No se pueden equiparar esas ligeras pruebas que pasan aprisa con el valor formidable de la gloria eterna que se nos está preparando…

II Corintios 4:17

¿Cuál es la parte de la historia de tu pasado que te perturba?

- Tal vez piensas que ya la superaste y que ya la has olvidado; sin embargo, cuando enfrentas situaciones en el presente que tienen relación con el ayer, sencillamente pierdes la paz, te sientes mal, triste, y con mucho enojo. Cuando se conservan vivencias no gratas del pasado, estas ejercen una influencia directa en el presente.

Naturalmente nuestra mente, en una acción saludable, envía las vivencias dolorosas o no gratas al baúl del olvido. Más por el hecho de estar en la mente, las impresiones del pasado quedan guardadas, y no solo eso, la carga emocional que originan prevalece de tal manera que tiene un impacto muy significativo en tu carácter, tu personalidad y tu manera de ser. Si recuerdas como fuiste — o al menos si miras a los bebés, ellos suelen sonreír, estar alegres y experimentan gran felicidad — esto es algo que a ti y a mí nos sucedía cuando bebés, incluso siendo niños, porque en su mayor parte los niños juegan, ríen y se divierten hasta de las pequeñas cosas.

En la vida, vamos enfrentando diferentes retos y acumulando muchas experiencias, algunas muy hermosas y otras no tanto. Las vivencias que nos perturban son las que debemos dejar atrás y no cargarlas como si trajeras un costal a tu espalda. Pues este pesa y te roba energía, pero sobre todo cansa, es molesto y no te permite vivir en paz.

Ahora tienes la invitación a liberarte y dejar atrás el pasado que te daña al recordarlo y al permitir que sea una carga y una referencia para tu presente.

Un hombre tomó en su mano un metal muy caliente. Él empezó a sentir como le quemaba y se quejaba del dolor. Los demás, al verlo, le decían, "Suéltalo".

Él respondía, "No sé cómo hacerlo".

Le dijeron, "Sólo abre la mano y te librarás de él".

Pero él contestó, "No puedo hacerlo. Es mío, forma parte de mí, ha estado conmigo mucho tiempo. ¿Cómo voy a soltarlo así nada más?"

¿Te parece absurdo?

Lo es, porque la solución para liberarse de esta fuente de calor que lo perjudicaba es muy sencilla. Bastaba abrir la mano para deshacerse de lo que le daña.

¡Tienes que soltar!

¿Para qué mantener lo que lastima?

Abre tu mano y suelta el ayer. Deja de mirarlo, porque al hacerlo el rencor y los resentimientos siguen alimentándose, afectándote y siendo una referencia que te impide vivir un nuevo día.

Quizá no es algo fácil, pero tampoco lo hagas más difícil. Ya no mires hacía atrás, quedándote o lamentándote de lo que fue. Ya pasó, ya no existe; no le des vida en tu mente.

Muchas veces, las expectativas que se tienen hacía que lo demás te decepcionará por lo que esperabas o no esperabas de las personas. La gente se comportará de una manera, pero ¿sabes algo?, somos humanos. Las personas se equivocan. Cometen errores y fallas. ¿Acaso tú eres una persona perfecta y nunca fallas?

Nos equivocamos, y cuando eso pasa lamentamos el error y tratamos de cambiar y eso es algo que está bien. ¿Los demás no tienen este derecho? Dales la oportunidad de corregir sus errores, de enmendar sus faltas, incluso ayúdales a darse cuenta que lo que hacen no está bien.

¿Para qué mantener lo que lastima?

No seas un juez; sobre todo no te juzgues a ti mismo con tanta severidad y dureza. Suelta las cosas que te están afectando, haz una pausa para meditar sobre esto y luego mira desde otro enfoque la situación; ya no como la víctima, sino como la persona dispuesta a restaurarse y seguir adelante.

Si sigues cargando el pasado, empañarás tu presente. Cada día sale el sol, cada mañana inicia un nuevo día. Los pájaros cantan; no lamentan la lluvia de ayer ni se sientan a llorar por perder su nido. Ellos, en cambio con la alegría de la vida, vuelven a construir otro. Aprovechan la oportunidad de tener un nuevo día. De igual manera, empieza un nuevo día, un nuevo momento y haz de este día algo bello para ti, deja atrás esas caras y concentra tus esfuerzos en las oportunidades que te presenta este nuevo día.

Soltar el Pasado

Esta es una elección de amor en la que determinas aliviar tu corazón y empezar de nuevo. Ciertamente, los fantasmas del pasado rondarán y pretenderán lastimarte a través del recuerdo y los sentimientos encapsulados por estas vivencias. Los recuerdos estarán guardados en ese baúl en el que tu mente los depositó; en ti está el dejarlos ahí y no sacarlos.

No hay dolor que dure cien años ni cuerpo que lo aguante, porque nada es para siempre y los momentos difíciles ya pasaron o pasarán. DIOS te quiere feliz y en paz. Envió a su Hijo para mostrarte un camino para ir hacía Él. Ahora lo conoces y basta seguirlo.

Suelta la cadena que has mantenido arrastrando y te darás cuenta que puedes caminar mejor sin esa pesada carga, sobre todo que al hacerlo te liberas y te sientes mejor.

Si fuera tan sencillo, nadie estaría sufriendo. Esto toma su tiempo; solo que te invito a que no te tardes mucho.

Si quieres cambiar de sala, quizá te cuesta mucho trabajo tomar la decisión de soltar la antigua. Pues, ella ha estado contigo durante muchos años; forma parte de tu historia, guardas recuerdos y momentos vividos con ella. Un día, finalmente decides cambiarla. Entonces sacas la vieja y permites que llegue la nueva. Aunque te costó mucho decidir hacerlo, un día lo haces y ese día lo determinas, ahora te das cuenta que esta es más bonita, más confortable, se ve mejor en tu hogar y ella le da un toque de frescura a tu casa, haciendo un ambiente más bonito y renovado.

Ese día es hoy. Suelta tu pasado, déjalo ir y siéntete mejor. No es lo único que se tiene que hacer. Es solo un buen comienzo. Es el mejor comienzo para emprender tu nueva historia.

DIOS está contigo. Él te bendice y acompaña siempre. Junto a ti va el SEÑOR.

Bitácora de Reflexión

¿Qué te propone el primer capítulo para superar el pasado?

¿Por qué para algunas personas no les resulta fácil hacerlo?

¿Qué ocurre idealmente cuando lo haces?

Por favor envíame tus respuestas para retro-alimentarte y ofrecerte un mejor apoyo en tu viaje a través de esta lectura.

contact@contigolaunion.net

Recibirás respuesta de mi parte a los comentarios, inquietudes y preguntas que tengas a bien hacerme.

Pero no se acuerden más de otros tiempos, ni sueñen ya más en las cosas del pasado...

(Isaías 43:18)

¿El recuerdo te perturba y te quita la paz?

El pasado debería ser una vivencia que se fue. En realidad lo es, solo que la memoria de la mente lo mantiene vigente como un pendiente a ser atendido; es decir, como una parte de la historia de tu vida que esta inconclusa o no resuelta. Es por ello que la mente *inconscientemente* lo asocia con vivencias del presente, situaciones actuales o momentos de tu vida cotidiana como puede ser fechas, celebraciones, el clima, la temporada, el calor, el frío, etc.

Es hasta que atiendas este pendiente que dejarás de asociarlo y presentarlo con frecuencia, entonces podrás empezar a sentir la paz.

Si se quedará guardado en el olvido, cerrado sin recuerdo alguno, ¿cómo sabrías cuáles son las heridas que tienes? Por ejemplo, si tienes un problema en tu pierna — como puede ser una uña enterrada — el dolor te hace presente que tienes un problema en tu pie y que tienes que atenderlo. Si no lo haces a la brevedad, el problema se irá haciendo cada vez más grande y lo que se arreglaba en una sencilla visita con el doctor puede agravarse a tal punto que requieras cirugía. De manera similar pasa con nuestros problemas emocionales y las vivencias del ayer. Requieren ser tratadas cuando ellas se muestran para que no causen mayores conflictos.

Habrás visto como personas que no se repusieron — a la pérdida de un ser querido, la separación de sus padres, una ruptura, un daño causado a su persona, una niñez difícil, abusos, insultos, etc. — se han vuelto explosivas, intolerantes, agresivas, depresivas, juzgonas. Su carácter cambia y la falta de paz les hace ser irritables o sencillamente dejan de lado el asombro de la vida, impidiéndose sentirse plenas y en paz.

El dolor y lo que te ha lastimado puede venir de dos fuentes:

-Lo que hicieron los demás
-Lo que hiciste tú

Ambas son igual de dañinas; aunque a mi parecer la segunda es mucho más. Eso lo puedes comprender cuando los remordimientos de la consciencia te perturban por tus acciones. Desafortunadamente en los tiempos de hoy — debido al deterioro de una clara moral, falta de valores y escasos principios en una cultura en que todo es tan relativo — a menudo te permites hacer de todo aun cuando afectas a otras personas, para ti está bien lo que haces. Si eso es lo que te gusta hacer, no te causa problema alguno.

Razón por la que el ladrón no deja de robar. Pues, le gusta hacerlo, muchas veces las pandillas tienen su propio código de valores y robar es parte de su cultura como sustento de vida.

¿Verdad que no es correcto?

¿Qué puedo decirte al respecto a lo que hicieron los demás? A Jesús que se presentó por el mundo haciendo el bien, dando vista a los ciegos sanando enfermos, dando consuelo al desvalido, anunciando la buena nueva; a Él que a nadie hizo mal, lo mataron, porque no convenía a los intereses de quienes lo llevaron a la cruz.

¿Qué puedes esperar de los demás?

Los demás deberían recibir a los bebés con amor; pues ellos son hermosamente bellos. Una mujer embarazada debería saltar de gozo y alegría por esta hermosa bendición. ¿Has visto la sonrisa de un bebé? Es tan bella, tan limpia, tan inocente. Pero lejos de recibir con bien el mundo expresa un desagrado, quejándose por esta carga. ¿Carga? Dije que es una bendición.

Si el mundo está endureciendo tanto el corazón y se dispone a matar a los bebes (el aborto), deshacerse de la carga que le estorba (enfermos y ancianos), entonces ¿qué podemos esperar tú y yo en el actuar de los demás?

Muchos de los daños que te han causado tantas heridas fueron hechos realizados por personas cercanas a ti. Increíble, ¿verdad? Sobre todo, cuando se supone que son quienes te aman y cuidan de ti; tus padres, familiares, maestros, pareja, etc.

Es por eso que las heridas son tan dolorosas y profundas, tan difíciles de sanar, razón por la que te perturban tanto y aparecen con tanta frecuencia en tu vida, pero:

¿acaso no mereces vivir en paz?

Claro que sí. Dios te ama, te ha creado para tener una vida llena de amor y belleza. Pero si crees que Dios no lo entiende, te diré que sí. Ya que Él envió a su Hijo para bien nuestro y fue mal visto, mal recibido e incluso llevado a la muerte, la peor de aquel entonces: una muerte de cruz.

La gente no es perfecta. Se equivoca, a menudo falla y mucho; quizá tú y yo lo hacemos mucho más. El mundo oferta cosas simples, fáciles y mundanas sin meditar que lo que nos ofrece nos daña; por ejemplo, el exceso de alcohol, las drogas, muchos de los programas que aparecen en tv, la pornografía, los tan promovidos antivalores, la promiscuidad, el deseo desordenado y desenfrenado por satisfacer nuestro placer y todo esto en muchas ocasiones desencadena los abusos y daños que se hacen a las personas. Se pierde la consciencia de lo que está bien y lo que no está bien, faltando al respeto a todo, pero sobre todo anulando la virtud del temor a Dios.

Cuando te dije que tenías que soltar el pasado me refería a que *ya no te ates o esclavices al ayer*. Muchas veces piensas que ese pasado te marcó, y francamente es muy injusto que lo veas así, porque *tú no eres el pasado. Éste es parte de tu historia.* Tú no estás con una marca o mancha por lo que pasó; eso sólo está en tu mente. En el reclamo que te haces, a los ojos de cualquier persona, el día de hoy tú eres tú, no tu pasado.

La gente falla; eso es una verdad. Tristemente sus fallas nos lastiman mucho, pero ¿pretendes vivir así para siempre? Por ello te quiero pedir que ya no te lamentes por lo que pasó, que aceptes que la gente falla, que no es perfecta, que la gente en muchas ocasiones está dentro de la psicosis del mundo y que actúa de manera muy irresponsable, causando muchos daños.

La aceptación

Es un acto de compasión y comprensión, especialmente para ti, para poder soltar este pasado La aceptación es una muestra de amor para estar en paz. Esta no quiere decir que estés de acuerdo o que apruebes lo que te hicieron, porque muchas veces se entiende por aceptar como aprobar o consentir y no, no es así. *Aceptar por lo que has pasado significa dejar de negarte o reclamar a los acontecimientos para dejar de sufrir más.* Claro, es que tienes todo el derecho de exigir, solo que ¿no te parece que ya es suficiente? Solo basta mirar hacia atrás y ver hace cuánto tiempo acontecieron estos sucesos, ayer significa *ya no está;* presente significa *ahora lo vivo.*

No mantengas el ayer en tu presente. ¿Por qué te perturbas y te niegas a un nuevo hoy?

Tienes que reponerte a los acontecimientos pasados y superar lo ocurrido. Es vital que esto que ya pasó deje de afectarte; para lograrlo, ya no lamentes o te niegues, ya no reclames o clames venganza, porque esos sentimientos son un veneno para tu corazón. Sencillamente acepta que la gente se equivoca, que falla y que a menudo lastima, pero que *en ti está tomar la oportunidad de edificar una nueva vida.* Pensarás que lo digo menospreciando tu dolor o los terribles acontecimientos que quedaron impresos en tu vida, pero no es así. Conozco la clase de daños que llegan a hacer las personas a otros, especialmente siendo niños. Sé cuánto dolor se guarda y cómo afecta tanto en la vida, porque he estado en contacto con muy diversas situaciones por más de 25 años, impartiendo las sesiones de ayuda a las personas. Gracias a Dios y al trabajo realizado con ellas, hoy puedo decirte que en un 90% de ellas, sanaron estas heridas; lo cual quiere decir que *si tú quieres, se puede.* Solo es cuestión de determinarse y esto es algo que tú ya estás haciendo al obtener este libro.

Libérate ya de una vez de la carga que has traído a cuestas; suelta ese pasado y acepta las faltas cometidas por los demás o por ti. Aceptar es comprender que estuvo mal, que la gente falla, pero que ahora ya pertenece al pasado y que este debe ser enterrado para siempre.

DIOS te quiere feliz. Junto a ti va el SEÑOR.

Bitácora de Reflexión

Antes de continuar, quiero hacerte tres preguntas para apoyarte en tu progreso de aprendizaje y reflexión

¿Por qué la mente asocia los pendientes del pasado con el presente?

¿Cómo entiendes la aceptación sana?

¿Cómo puedes aceptar y estar en paz?

   Por favor envíame tus respuestas para retroalimentarte y ofrecerte un mejor apoyo en tu viaje a través de esta lectura.

contact@contigolaunion.net

   Recibirás respuesta de mi parte a los comentarios, inquietudes y preguntas que tengas a bien en hacerme.

Más bien sean buenos y comprensivos unos con otros, perdonándose mutuamente, como DIOS los perdonó en Cristo.

(Efesios 4:32)

SÍ, ES POSIBLE DEJAR EL PASADO ATRÁS Y TENER UNA NUEVA VIDA

¿Por qué quedar con la marca del pasado para siempre?

Pocas personas conocen tu pasado. Tú lo conoces a detalle y muchos no te juzgamos porque no te conocemos o porque entendemos lo que has pasado. Quizá algunas personas vivieron lo mismo que tú, o peores cosas aun, lo cierto es que DIOS nos dota de una virtud llamada compasión para condoler con los demás y para consolar las penas, pero sobre todo para perdonar.

Si algo te afecta tanto a ti, a tus relaciones y los pasos que das en tu vida, es la falta de perdón. Realmente sería todo muy distinto si esta capacidad misericordiosa, el perdón, fuera concedida cada vez que fuera necesaria. Ciertamente no es nada fácil perdonar a quien te ha dañado, las razones por las que se dificulta tanto poder perdonar las expondré a lo largo de este escrito.

¿Qué impide efectuar el perdón?

Son varias las causas por la que se dificulta poder perdonar. Antes de mencionarlas, me gustaría partir de una frase que siempre menciono cuando imparto el Seminario de Liberación: "

"El Perdón es un acto de amor; es una forma de liberarse y estar en paz".

Entonces, si el perdón es un acto de amor y somos personas creadas a imagen y semejanza del Creador — es decir, somos extensión de amor del Amor Supremo — ¿por qué cuesta tanto trabajo perdonar?

El dolor

Una de las causas principales por las que, en ocasiones, parece tan difícil poder perdonar es porque el dolor está aún presente en tu vida. Este dolor contiene emociones que hacen florecer lo que aun te lastima y éstas se presentan como una barrera para dejar pasar tu compasión y misericordia para los demás y para ti.

La falta de desahogo

Las cargas emocionales que te perturban dejan de tener fuerza cuando las desahogas y permites que sean liberadas permitiéndote sentirlas. Lamentablemente, en estos tiempos la educación de "no sientas", "no te duelas", "no seas débil", etc., te afectan terriblemente al anular tu naturaleza al no permitirte sentir y expresar lo que sientes; ya sea por pena, negación, o creencias que han quedado adheridas a tu mente.

La negación

La negación de un suceso que aconteció en tu vida no cambia la historia, pero sí te impide liberarte del dolor. La negación no borra el pasado y no hace diferente las cosas.

La falta de aceptación

Es tan necesario entender que aceptar no es consentir ni estar de acuerdo con lo que sucedió; tampoco es hacerte cómplice de los hechos. Aceptar sencillamente es ver una realidad para iniciar el proceso del perdón. La aceptación contribuye a estar en paz.

El falso perdón

Muchas veces se concede un rápido perdón para evadir el dolor, para no entrar en el sentimiento y para no sentirse culpable por no ejercer este acto de perdón.

La falta de compasión

Solo cuando el corazón experimenta la misericordia, el amor, la mansedumbre y la humildad, el perdón florece de manera natural.

La soberbia

Efectivamente, este ego que siempre se inmiscuye y arruina las cosas hace presencia reclamando, ¿por qué a mí? o ¿por qué yo? Como te dije antes, tienes razón de reclamar, pero ¿el reclamo cambia las cosas?

La soberbia (el orgullo), cuando se le golpea se indigna porque se siente herida. Utiliza muchas veces un escudo para justificar su dureza, entonces con la frase "Tengo dignidad" se interpone para perdonar a los demás o perdonarse. El gran problema es que esta postura reclama venganza, llamándole justicia y hospeda una carga emocional llamada coraje, rabia, ira, enojo, etc.

No es conveniente pretender forzar el ejercer un perdón cuando realmente no se siente de corazón. Para llevarlo a cabo de manera conveniente, es necesario que el perdón sea la etapa final de un proceso de liberación y sanación.

Es importante que primeramente exista de tu parte una verdadera disposición de querer sanar lo que te lastima. Entonces, siendo sincera, esta voluntad puede ser para ti más sencillo, aliviar tus heridas y sobre todo liberarte del dolor, rencor, frustración, depresión, tristeza, etc.

El perdón

El perdón es una expresión de amor. Si bien pensarás que no la merecen las personas que te faltaron, ¿quiénes somos para juzgar? DIOS ha concedido el perdón a todos; buenos y malos, sin distinción, porque nos ama.

Lo grandioso del perdón es que te da paz. Te ayuda a vivir una vida digna sin cargas emocionales del ayer, calma tu corazón, alivia el dolor y sana las heridas. ¿No te parece maravilloso?

No obstante, mucha gente se niega a perdonar. Te expliqué anteriormente cuales pueden ser las causas de esta negación. No pretendas ser juez y verdugo; enfócate a estar en paz y se libre de las ataduras del pasado.

Nadie puede obligarte a perdonar cuando tu corazón no está listo para hacerlo. Sin embargo, sí es posible ayudarte a sanar y caminar contigo para calmar tu corazón, para vislumbrar este momento de liberación que se logra con el perdón.

Perdonar no es olvidar; tampoco es fingir y hacer como que no ha pasado nada. Perdonar es sanar, perdonar es amar, perdonar es tener paz, y por eso es importante dar el paso.

Hasta este momento te he propuesto que sueltes, aceptes y perdones. Aunque hay mucho más que se tiene que hacer, estos tres pasos pueden ayudarte a Superar el Pasado. Por ello, date espacio para desahogar lo que traes cargando, encuentra los momentos en los que tengas una intimidad para descargar estas emociones que no te permiten estar en paz.

La vida se vive en el presente. Vivir en el pasado o en el futuro es una ilusión; solo el presente es una realidad.

Tu presente puede y tiene que ser bello. Está en tus manos y depende de ti; de lo que hagas a cada paso, de cómo utilices tu gran capacidad de perdón para vivir mejor. Depende de que sueltes de una buena vez los acontecimientos que te perturban; di: "¡Ya no más! ¡Quiero ser libre y estar en paz!"

Bitácora de Reflexión

¿Qué es el perdón?

¿Cómo obstaculiza la soberbia y el orgullo el perdón?

¿En qué te beneficia perdonar?

Por favor envíame tus respuestas para retro-alimentarte y ofrecerte un mejor apoyo en tu viaje a través de esta lectura.

contact@contigolaunion.net

Recibirás respuesta de mi parte a los comentarios, inquietudes y preguntas que tengas a bien hacerme.

Cuento de la leyenda del verdadero amigo

Dice una linda leyenda árabe que dos amigos viajaban por el desierto y en un determinado punto del viaje discutieron.

Uno, ofendido, sin nada que decir, escribió en la arena:

Hoy, mi mejor amigo me pegó una bofetada en el rostro.

Siguieron adelante y llegaron a un oasis donde resolvieron bañarse.

El que había sido abofeteado y lastimado comenzó a ahogarse, siendo salvado por el amigo.

Al recuperarse, tomó un estilete y escribió en una piedra:

Hoy, mi mejor amigo me salvó la vida.

Intrigado, el amigo preguntó, "

¿Por qué después que te lastimé, escribiste en la arena y ahora escribes en una piedra?"

Sonriendo, el otro amigo respondió, "

Cuando un gran amigo nos ofende, deberemos escribir en la arena, donde el viento y el perdón se encargarán de borrarlo y apagarlo. Por otro lado, cuando nos pase algo grandioso, deberemos grabarlo en la piedra de la memoria del corazón, donde viento ninguno en todo el mundo podrá borrarlo".

Como te he venido diciendo:

El Perdón es un acto de amor. Es una forma de liberarse y estar en paz.

DIOS te quiere feliz. Él te concede esta hermosa cualidad del amor; la capacidad de perdonar.

La insensibilidad y el negarse a sentir, en muchas ocasiones, lleva a endurecer el corazón. Cuando esto pasa, no solo perdonar se hace una tarea nada sencilla, si no que se hace sumamente difícil aceptar, tolerar y comprender la inmadurez y las fallas de los demás.

Volteando a mirar a los niños, puedes ver con qué rapidez y sencillez perdonan a los demás. Los padres los golpean, los reprimen e incluso llegan a insultarlos, y ellos los aman. Aun cuando a un niño le faltan y lastiman, el niño de manera natural juega y procura divertirse. Con esto no quiero decir que no les afecte con el paso de tiempo; puesto que, si los perjudica, solo que ellos crecen, su mente cambia, la inocencia de la niñez se va empañando con el tiempo y el pensamiento va cambiando, se llenan de prejuicios y todo esto contribuye, en parte, a que el corazón se haga como una piedra.

Caray, todo lo que nos pasa y como cambiamos. Sería muy bueno conservar el alma de niño siempre, así soltar y perdonar sería más sencillo y viviríamos con menos peso de culpas, resentimientos y cargas emocionales que nos dañan.

El caballero que no sabía pedir perdón

Por muy difícil que parezca, perdonar se puede conseguir. He aquí otra historia sobre la liberación a través del perdón.

Érase una vez un despiadado caballero que durante toda su vida no había hecho otra cosa que sembrar la discordia, y causar dolor a cuantas personas habían osado cruzarse en su camino.

Un buen día, al levantarse, observó que le habían salido unas llagas purulentas y malolientes en la piel de todo su cuerpo. A medida que pasaban los días, las úlceras iban creciendo y creciendo. Asustado, decidió acudir al lago azul, famoso por curar todo tipo de enfermedades.

Agotado por el viaje, bajó de su caballo y se sentó en la orilla del lago. De pronto, emergió de las aguas una hermosísima ninfa que le preguntó: "

Poderoso caballero, ¿qué has venido a buscar aquí?"

El gentilhombre respondió, "Hace tiempo que vengo sufriendo de terribles heridas que invaden todo mi cuerpo".

La ninfa le dijo, "

Báñate en el lago".

El hidalgo así lo hizo y, después de permanecer varios minutos en las frías aguas, salió. Y cuál fue su sorpresa, al comprobar que no había desaparecido ni una sola de sus llagas.

"¡Mira!" exclamó enfadado "No he sanado".

El hada, sin perder la calma, le dijo, "

Tus llagas son el fruto del odio que llevas en tu corazón. Tan sólo el bálsamo del perdón puede curarte".

El aristócrata, enfurecido, montó de nuevo sobre su caballo y con premura se alejó de allí.

Pasó el tiempo y, un atardecer de verano, el caballero regresó de nuevo hasta el lago. La ninfa emergió nuevamente de las aguas y le preguntó, "

¿Qué has venido a buscar aquí?"

El gentil hombre respondió, "

¿Es que no me reconoces?"

El hada le observó con detenimiento durante unos minutos y le dijo, "

Han aumentado tanto las lesiones de tu piel que, de no ser por tu voz, jamás te hubiese reconocido".

El hidalgo, angustiado, exclamó, "¡Ayúdame! Me he convertido en un monstruo repugnante, y sufro de terribles dolores".

La ninfa, con voz serena, le respondió, "

Las úlceras son el fruto del odio que anida en tu corazón. Tan sólo el bálsamo del perdón puede sanarte. El dolor que sufres no es otra cosa que tu propio arrepentimiento".

El hidalgo, cabizbajo, montó de nuevo sobre su caballo y se alejó del lugar.

Pasó el tiempo y, un amanecer, llegó hasta el lago un apuesto joven.

La mágica dama emergió de las transparentes aguas y le preguntó, "

¿Qué has venido a buscar aquí?"

El joven respondió, a la vez que se dibujaba una gran sonrisa en sus labios, "

¿No me reconoces? Yo, soy aquel caballero lleno de úlceras que vino hasta ti para pedirte ayuda. ¿Me recuerdas ahora?"

El hada, sorprendida, exclamó, "

De no ser por tu voz, jamás te hubiese reconocido. Te has transformado en un joven muy apuesto, me entusiasma comprobar que estás completamente sano".

El gentil hombre prosiguió, "

Vengo a darte las gracias, hermosa dama. Puse en práctica tu sabio consejo, y fui a pedir perdón a todos y cada uno de los seres humanos a los que un día hice daño. Por cada persona que me perdonaba de corazón, desaparecía una de mis llagas. Así, hasta curarme del todo".

La ninfa sonrió satisfecha. "

No tienes nada que agradecerme, lo has hecho todo tú solo. Yo tan sólo soy la voz de tu conciencia y el lago, el espejo donde veías reflejado tu interior. A partir de ahora, dedícate a hacer el bien y a amar a tus semejantes y, cuando quieras hablar conmigo, tan sólo tendrás que escuchar la voz de tu corazón".

FIN

        Gómez Guerra, María del Mar. *Relatos para despertar un corazón dormido.*
                                                                 (Ediciones Tantin: 2020).

Bitácora de Reflexión

Sobre los dos cuentos anteriores

¿Qué has entendido de estos?

¿Prefieres escribir en piedra o en arena?

¿Por qué?

¿Cómo puedes poner en práctica lo que has aprendido de ellos?

Por favor envíame tus respuestas para retro-alimentarte y ofrecerte un mejor apoyo en tu viaje a través de esta lectura.

contact@contigolaunion.net

Recibirás respuesta de mi parte a los comentarios, inquietudes y preguntas que tengas a bien hacerme.

Sobre tus acciones pasadas

Hasta este punto, te he hablado de cómo superar el pasado, enfocando a los actos que han tenido los demás contigo, o bien a situaciones vividas en las que alguna persona te lastimó o contribuyó a un fracaso tuyo, como un divorcio o un daño que te involucra directamente.

Pero,

¿Qué hay con las cosas que tú has hecho??

¿No tienes ningún cargo de consciencia?

¿Realmente no has lastimado a nadie? Sabes, es de humanos equivocarnos, cometer errores y deliberadamente lastimar; a veces premeditadamente y otras veces sin darnos cuenta, por inconciencia, desconocimiento o ignorancia.

Entonces, has sido víctima de personas que no cuidaron de ti, pero también has actuado de una forma en que has lastimado a otras personas.

¿Qué estará pasando con ellas? ¿Ya habrá sanado su corazón? ¿Estarán liberadas de lo que les hiciste?

En ocasiones, pequeños actos, palabras, conductas, críticas, juicios y opiniones de desaprobación lastiman, ya ni qué decir de acciones específicas en las que el daño es inminente.

Ese también es un pasado que puede estar perturbándote. La consciencia es el juez más duro, mucho más que el juicio de los demás hacia ti.

Debes purificarte de todo acto dañino ejercido, sea por ti o por los demás, para que te sientas en paz y que ningún tipo de reproche invada tu corazón.

La vida presenta un camino con diferentes panoramas. Aunque siempre gustan los mejores paisajes, hay que tener la sabiduría para hacer provechosa cualquiera de las circunstancias que se viven.

Por fortuna, cuando realizas acciones que no son correctas, te sientes mal y la culpabilidad te invade; al menos eso espero, porque estos son síntomas que aparecen y están diciéndote algo que hiciste no es correcto. Lamentablemente, muchas personas dejan de sentir y pierden noción de lo que está bien y lo que no está bien. ¿Qué lo regula? ¿Qué le da el discernimiento entre lo correcto y lo incorrecto?

Te hicieron e hiciste

Como bien se dice: A toda causa hay un efecto y todo efecto tendrá siempre sus consecuencias. Por eso, es mejor perdonar y soltar el pasado para aliviar tu corazón y vivir libre, sin cadenas ni ataduras del pasado.

¿Te lastimaron mucho?

Lo lamento mucho, lector. Te pido perdón por cada persona que causa en tu vida heridas y dolor — ojalá no hubiera ocurrido nada que te lastimara. Sin embargo, en la vida ocurren situaciones no gratas.

Hiciste mucho daño?

Perdónate. Estuvo mal y te estás arrepintiendo. Como se suele decir, "El pecado lleva la penitencia", y tú ya has sufrido bastante por lo que hiciste. Pues, los remordimientos de conciencia te quitaron la paz y el dolor que te reclama lo que hiciste ha sido mucho.

Ahora es tiempo de sanar y estar en paz. Perdona, perdónate y — lo más importante — pide perdón a Dios para que tus faltas no te sigan atormentando.

Es maravilloso liberarte con el perdón. ¿Por qué seguir cargando?

Cuando te liberas de la carga del pasado, descansas y recuperas tu alegría. Aunque no parezca una tarea sencilla, te darás cuenta que no es tan difícil cuando pones voluntad sincera y un deseo genuino de salir adelante y estar en paz.

Estén siempre alegres en el SEÑOR, se los repito, estén alegres y den a todos muestras de un espíritu muy abierto. El SEÑOR está cerca. No se inquieten por nada...

Filipenses 4:4-5

Bitácora de Reflexión

¿Por qué es necesario reconocer que también has lastimado?

¿Cómo puedes manejar los sentimientos de culpa por tus actos?

¿Cómo puedes liberarte de esta carga?

Por favor envíame tus respuestas para retro-alimentarte y ofrecerte un mejor apoyo en tu viaje a través de esta lectura.

contact@contigolaunion.net

Recibirás respuesta de mi parte a los comentarios, inquietudes y preguntas que tengas a bien hacerme.

Recupera tu sonrisa

Te comenté que al mirar a los niños se puede ver lo hermoso que son su alegría, su paz y su espontaneidad para reír por lo simple.

Una de las muchas cosas hermosas que tienen es su gran capacidad para expresar el amor, para abrazarte y besarte espontáneamente. Sin importar si estás con la ropa sucia o limpia, ellos sencillamente sonríen y te abrazan. Les das amor y devuelven con creces el amor. Si les llamas la atención, lloran; así se desahogan y luego eso quedó atrás, ellos vuelven a amarte, a besarte y darte muchas muestras de cariño.

Vuélvete a ese estado de espontaneidad, inocencia y estado amoroso. Recupera tus alegrías y sonrisas, y muestra tu auténtica esencia. ¡Sé quien realmente eres!

No permitas que el pasado amargue tus días. Tampoco le permitas a las tribulaciones del presente borrar tu sonrisa y apagar tu alegría. Pese a todo, vuelve a sonreír. Alégrate, ¡tienes vida!

El que vive en CRISTO es una nueva criatura: lo antiguo ha desaparecido, un nuevo ser se ha hecho presente.

2 Corintios 5:17

Acerca del Autor

Me he dedicado la mayor parte de mi vida a apoyar a las personas que requieren un aliciente para alimentar su alma, sanar sus heridas y resguardar su corazón.

Imparto Seminarios, Cursos, Talleres, Conferencias, Programas de Capacitación, Producción de Recursos de Ayuda en multimedia y doy terapias de pareja, familiares e individuales.

Escribir es una oportunidad para entregarte un mensaje de esperanza y alegría. DIOS te quiere feliz y Él quiere restaurarte, aliviarte y amarte.

Te agradezco la oportunidad de estar cerca de ti a través de esta obra. ¡Muchas Gracias! DIOS te bendiga en todo momento.

Si DIOS lo permite y tú quieres, porque yo sí quiero, pronto nos veremos nuevamente. ¡Hasta pronto!

Recibe un fuerte abrazo con una enorme sonrisa

Amorosamente contigo,
Miguel Angel Herrera

¿Te gusto este Libro?

Me encantaría saber de ti, lo que piensas sobre lo que has leído y de qué manera ha contribuido este contenido a tu vida.

Espero saber de ti y, por supuesto, me acompañes en otra lectura.

Te invito a leer:

Por Amor y Para Amar

Un bello libro para edificar y alimentar tu espíritu

Seminarios que tocan el Alma

12 libros para sanar, elevar tu autoestima, superar los miedos y otras cosas que te limitan.

Ingresa a la tienda **Contigo La Union**

¿Te gustaría saber lo que han dicho de este libro? Te invito a leer algunos testimonios y compartirme tu testimonio.

Visita y consulta más material de crecimiento en:

Nuestro website: www.contigolaunion.net/es

Canal de Youtube:

https://www.youtube.com/user/ContigoLaUnion

Página de Facebook:

https://www.facebook.com/ContigoLaUnionEspanol

Twiter: https://twitter.com/ContigoLaUnion

Instagram: https://www.instagram.com/miangel_herrera/

Linkelind:
https://www.linkedin.com/company/contigo-la-union/?viewAsMember=true

email: contact@contigolaunion.net
Personal: miangel_herrera@hotmail.com

¡Ayúdame!

Si alguna persona quiere obtener este libro, por favor no lo copies.

¡Di no a la piratería!

Si no cuentas con los recursos para hacer el donativo para obtener este material, por favor contáctame para hacértelo llegar y personalizártelo; te haré llegar tu original y copia autorizada.

He puesto a disposición mucho material sin costo alguno en: www.contigolaunion.net/es. No obstante, si tú deseas obtener este libro electrónico, házmelo saber y será un gusto poderte ayudar.

Es mejor hacer las cosas de la manera correcta.

Muchas gracias por tu colaboración

Contigo La Unión
Para crecer y edificar una vida mejor

Si tienes algo que decir, envíame un email: contact@contigolaunion.net
miangel_herrera@hotmail.com

Si quieres profundizar más, visita el sitio www.contigolaunion.net/es
Todos los derechos reservados
Miguel Angel Herrera I **Contigo La Unión**